Made in the USA
Coppell, TX
17 December 2022

89836260R00111